هَدِيَّة عيد ميلادي المُقْبِل؟!

قصة: د. أنطوان م. الشّرتوني

رسوم: تمارا جراندوقه قشحه

هَدِيَّةُ عيدِ ميلادي المُقْبِل؟!

لَطالَما كانَ هَذا السُّؤالُ يَتَرَدَّدُ كُلَّما اقْتَرَبَ عيدُ ميلادي.

مُنْذُ حَوالى أُسْبوعَيْن، احْتَفَلْتُ بِعيدِ ميلادي السّابِع. وحَصَلْتُ عَلى هَدايا كَثيرَةٍ: أَلْعابٌ، قِصَصٌ وأَقْراصٌ مُدْمَجَةٌ فيها أَفْلامُ رُسومٍ مُتَحَرِّكَةٍ. ولَكِنَّ الهَدِيَّةَ الَّتي فَرِحْتُ بِها كَثيرًا، هِيَ مِنْ جَدَّتي وجَدّي: دَرّاجَةٌ زَرْقاءُ مَعَ أَرْبَعِ عَجَلاتٍ، ومَصابيحَ أَمامِيَّةٍ ومَصابيحَ خَلْفِيَّةٍ، وجَرَسٍ ذي صَوْتٍ رَنّانٍ، وصُنْدوقٍ صَغيرٍ في مُقَدِّمَتِها.

«يَجِبُ أَنْ تَقودَ دَرّاجَتَكَ بِانْتِباهٍ»، طَلَبَ إِلَيَّ جَدّي. ثُمَّ أَضافَتْ جَدَّتي: «في بادِئِ الأَمْرِ، يَجِبُ أَنْ تَأْخُذَ الحيطةَ والحَذَرَ، وأَنْ تَرْتَدِيَ الخوذَةَ والقُفّازَيْنِ لِحِمايةِ رَأْسِكَ ويَدَيْكَ إذا وَقَعْتَ عَنْها».

جاهز

عِنْدَما بدَأْتُ رُكوبَ دَرّاجَتي، كانَ مَقْعَدُها عالِيًا قَليلًا،
وبِالكادِ كانَتْ قَدَمايَ تَصِلانِ إلى دَوّاسَتَيْها.

لَمْ أَسْتَطِعْ إِخْفاءَ خَوْفي، ولَكِنَّ بَقاءَ أبي إلى جِواري في خِلالِ التَّمْرينات، وقِيادَتَهُ دَرّاجَتَهُ أمامي، كانا كَفيلَيْنِ بِأَنْ أَتَعَلَّمَ بِسُرْعَةٍ، وأُصْبِحَ ماهِرًا في قِيادَةِ دَرّاجَتي.

في خِلالِ الصَّيْفِ، أَصْبَحَتْ دَرَّاجَتي مُناسِبةً جِدًّا لِجِسْمي. كُنْتُ أقودُها طَوالَ النَّهار. ولاحِقًا، طَلَبْتُ إلى أبي إلْغاءَ العَجَلَتَيْنِ الإضافيَّتَيْن. فَنَصَحَني قائِلًا: «يَجِبُ أنْ تَقودَها بِهُدوءٍ ورَوِيَّةٍ يا بُنَيّ. لا تُسْرِعْ أبدًا كَيْ لا تَفْقِدَ التَّوازُن».

في بادِئِ الأمْرِ، لَمْ تَكُنِ المَهَمَّةُ سَهْلَةً، إنَّما بِفَضْلِ تَشْجيعِ أبي، أَصْبَحَتْ قِيادَةُ دَرَّاجَتي الزَّرْقاءَ بِعَجَلَتَيْنِ سَهْلَةً جِدًّا، كَشُرْبِ الماء.

عِنْدَ كُلِّ غُروبٍ، كُنْتُ أَتْرُكُها رُغْمًا عَنّي، مُنْتَظِرًا الصَّباحَ لِأَقْضِيَ نَهارًا جَديدًا مَعَها.

كُنْتُ أَهْتَمُّ بِها كَثيرًا: أَتَفَحَّصُ فَرامِلَها وعَجَلَتَيْها ومَسْكَةَ المَكابِحِ كُلَّ مَرَّةٍ قَبْلَ التَّوَجُّهِ بِها إلى شَوارِعِ قَرْيَتي.

كَما كُنْتُ أَنْتَبِهُ إلى سِلْسِلَةِ العَجَلَتَيْنِ إذا كانَتْ بِحالَةٍ جَيِّدَةٍ،
وكُنْتُ أَقْصِدُ مَحَطَّةَ الوَقودِ لِنَفْخِ العَجَلَتَيْنِ إذا كانَتا في حاجَةٍ
إلى هَذِهِ الخِدْمَةِ.

حَفِظَتْ دَرّاجَتي دُروبَ الحُقولِ والطَّريقَ الضَّيِّقَةَ في الغابَةِ القَريبَةِ مِنْ بَيْتي. كَما كانَتْ تَدورُ حَوْلَ البُحَيْرَةِ آلافَ المَرّات، وأنا أَصْرُخُ وأُغَنّي مُسْتَمْتِعًا بِوَقْتي وفَرِحًا بِصَوْتِ جَرَسِها.

عِنْدَما أَصْبَحْتُ في الثّامِنَةِ مِنْ عُمْري، شَعَرْتُ بِأَنَّني لَمْ أَعُدْ قادِرًا عَلى قِيادَةِ دَرّاجَتي الزَّرْقاءَ بِارْتِياحٍ. إذْ أَصْبَحَتْ رِجْلايَ أَطْوَلَ مِنْ مَسافَةِ الدَّوّاسَتَيْن، وأَصْبَحَ مِقْوَدُها صَغيرًا عَلى يَدَيَّ، وتالِيًا لَمْ تَعُدْ مُناسِبَةً لِجِسْمي.

«لَقَدْ صِرْتَ فَتًى كَبِيرًا! وَالدَّرَّاجَةُ أَصْبَحَتْ غَيْرَ مُناسِبَةٍ لَكَ».
فَسَّرَ لِي أَبِي.

وأضافَتْ أُمّي: «جِسْمُكَ يَنْمو ويَكْبُرُ بَيْنَما الدَّرّاجَةُ سَتَبْقى عَلى حالِها، لَنْ تَكْبَرَ ولَنْ تَنْمُوَ أَبَدًا».

«عَلَيْكَ أَنْ تَشْتَرِيَ دَرّاجَةً جَديدَةً لَكَ!»، قالَ لي أبي.

تِلْكَ اللَّيْلَةِ لَمْ أَنَمْ! فَأَنا أُحِبُّ كَثِيرًا دَرّاجَتي الزَّرْقاء. فَهِيَ تَعْرِفُ الطُّرُقاتِ المُؤَدِّيَةَ إلى الغابَة، كَما تَعْرِفُ البَساتينَ وحُدودَ البُحَيْرَة. هِيَ رَفيقَتي في مُغامَراتي كُلِّها.

«كَلامُ أبي مَنْطِقِيٌّ! ولَكِنْ ماذا سَأفْعَلُ بِكِ يا دَرّاجَتي الزَّرْقاء؟»، قُلْتُ في نَفْسي.

دَرّاجتي!

ذاتَ يَوْمٍ، بَيْنَما كُنْتُ في المَلْعَبِ أَلْعَبُ بِكُرَةِ السَّلَّةِ مَعَ أَصْدِقائي، رَأَيْتُ صَديقَتي مَعَ أَخيها الصَّغيرِ «رَأْفَت»، يَتَسَلَّيانِ بِالأَراجيح!

فَخَطَرَتْ لي فِكْرَةٌ مُمْتازَةٌ.

تَرَكْتُ رِفاقي، وعُدْتُ إلى البَيْتِ مُسْرِعًا، وقُلتُ لِأبي: «عَرَفْتُ ما هُوَ الحَلّ؟ عَرَفْتُ ماذا سَأفْعَلُ بِدَرّاجَتي الزَّرْقاء!».

تَوَجَّهْتُ إلى مَخْزَنِ الْبَيْتِ وجَلَبْتُ دَرّاجَتِي. ثُمَّ عُدْتُ إلى الْمَلْعَبِ بِرِفْقَةِ أبي. كانَتْ صَديقَتي مَعَ أخيها لا يَزالانِ يَلْعَبان. فَاقْتَرَبْتُ مِنْهُما، وقُلْتُ: «هَذِهِ دَرّاجَتي الزَّرْقاءُ الَّتي أُحِبُّها كَثيرًا، إنَّها هَدِيَّةٌ لَكَ يا رَأْفَت. أَصْبَحَتْ دَرّاجَتَكَ، اِهْتَمّ بِها.

وعِنْدَما تَصيرُ غَيْرَ مُناسِبَةٍ لِحَجْمِ جِسْمِكَ، قَدِّمْها إلى طِفْلٍ آخَر».
فَرِحَ الصَّبِيُّ الصَّغيرُ كَثيرًا بِالدَّرّاجَةِ الزَّرْقاء، وتَأَكَّدْتُ أنَّها بَيْنَ أَيْدٍ أمينَةٍ. كَما كانَ أبي فَخورًا بي.

في خِلالِ عَوْدَتِنا إلى المَنْزِل، قال أبي: «أحْسَنْتَ يا بُنَيّ! هَذِهِ هِيَ الأخْلاقُ الحَميدَة! ولَكِنَّكَ الآنَ لَمْ تَعُدْ تَمْلِكُ دَرّاجَةً؟».

فَقُلْتُ لِأبي وابْتِسامَةٌ كَبيرَةٌ رُسِمَتْ عَلى وَجْهي: «إذًا، لَقَدْ أصْبَحْتَ تَعْرِفُ ما أتَمَنّاهُ هَدِيَّةً في عيدِ ميلادي المُقْبِل!».